La bandera que amamos

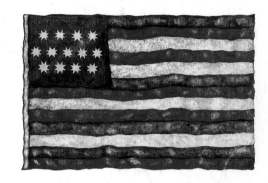

por **Pam Muñoz Ryan**

Ilustrado por **Ralph Masiello**

Traducido por **Yanitzia Canetti**

ini **Charlesbridge**

A mis niños: Marcy, Annie, Matthew y Tyler
—P. R.

La autora y el ilustrador agradecen a:
the National Aeronautics and Space Administration,
the Smithsonian Institution, the Byrd Polar Research Center,
the National Flag Foundation y, especialmente, a Jerry Pallotta.

© 2002 by Charlesbridge Publishing. Translated by Yanitzia Canetti.
Text copyright © 1996 by Pam Muñoz Ryan
Illustrations copyright © 1996 by Ralph Masiello

Published by Charlesbridge
85 Main Street, Watertown, MA 02472
(617) 926-0329 • www.charlesbridge.com

Printed in Korea
(sc) 10 9 8 7 6 5 4 3

Library of Congress Cataloging-in-Publication Data
Ryan, Pam Muñoz.
    [Flag we love. Spanish]
    La bandera que amamos / Pam Muñoz Ryan; illustrado
por Ralph Masiello; adaptado al español por Yanitzia Canetti.
       p.   cm.
Summary: An introduction to the history, meaning, and care
of the American flag.
    ISBN-13: 978-1-57091-519-2; ISBN-10: 1-57091-519-9 (softcover)
    1. Flags—United States—Juvenile literature.
[1. Flags—United States. 2. Spanish language materials.]
I. Masiello, Ralph, ill. II. Canetti, Yanitzia, 1967– III. Title.
CR113.R9318 2002
929.9'2'0973—dc21   2001007816

A la entrañable memoria de mi papá . . .
un verdadero artista, un gran norteamericano.
—R. M.

En todas las ceremonias,
sobre el corazón sus manos
prometen fidelidad
unidos los ciudadanos.

★ "Yo juro lealtad a la bandera de Estados Unidos de América y a la república que representa, una nación unida, bajo Dios, indivisible, con libertad y justicia para todos".
★ El Juramento a la bandera original, escrito por Francis Bellamy, apareció por primera vez en una revista infantil en 1892. Lo escribió para conmemorar el 400 aniversario del viaje de Colón a América. Al mes siguiente, los niños recitaron por primera vez el juramento en las escuelas públicas para celebrar el Descubrimiento de América. ★

Durante una larga noche
ondeó sus franjas y estrellas
y los patriotas rogaban
al otro día poder verla.

★ Desde un barco en la Bahía de Baltimore, Francis Scott Key observó el bombardeo británico del Fuerte McHenry en la Guerra de 1812. Durante la noche, sólo pudo vislumbrar la bandera americana a través del humo y de los destellos de luz. A la mañana siguiente, se sintió tan feliz al ver que la bandera aún estaba ondeando que escribió un poema. Tiempo después, este poema fue incorporado a la música de otra canción y se convirtió en el himno nacional de Estados Unidos: "La bandera adornada con estrellas". ★ La bandera que inspiró "La bandera adornada con estrellas" fue hecha por Mary Pickersgill y su hija, Caroline. Medía treinta por cuarenta y dos pies. ¡Era tan ancha como la altura de una casa de dos plantas! Actualmente, esa bandera restaurada está en exhibición en la Institución Smithsoniana en Washington, D.C. ★

Su ataúd recorrió el campo
cubierto con la bandera.
Todos lloraron su muerte
en los pueblos y praderas.

★ Aunque la bandera suele ondear en ocasiones alegres, también se exhibe en eventos solemnes. Cuando el presidente Lincoln fue asesinado en 1865, su ataúd, cubierto por la bandera, fue llevado en tren desde Washington, D.C., hasta el hogar de su familia en Springfield, Illinois. ★ Cuando se iza la bandera hasta la mitad del mástil, se dice que está ondeando a medio mástil o a media asta. Ondea así para honrar la memoria de alguien que ha muerto. ★

Valientes exploradores
por la nieve, el sol y el viento,
dejaron nuestra bandera
al final de su trayecto.

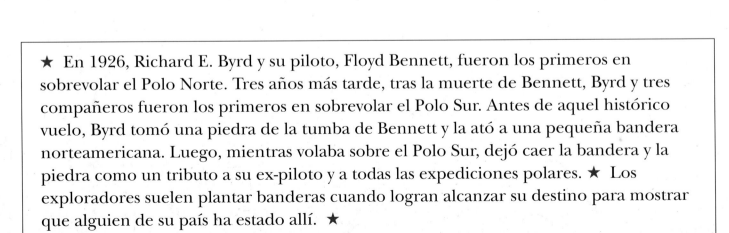

★ En 1926, Richard E. Byrd y su piloto, Floyd Bennett, fueron los primeros en sobrevolar el Polo Norte. Tres años más tarde, tras la muerte de Bennett, Byrd y tres compañeros fueron los primeros en sobrevolar el Polo Sur. Antes de aquel histórico vuelo, Byrd tomó una piedra de la tumba de Bennett y la ató a una pequeña bandera norteamericana. Luego, mientras volaba sobre el Polo Sur, dejó caer la bandera y la piedra como un tributo a su ex-piloto y a todas las expediciones polares. ★ Los exploradores suelen plantar banderas cuando logran alcanzar su destino para mostrar que alguien de su país ha estado allí. ★

Con trompetas y tambores,
festejamos un gran día;
los niños, con banderitas,
desfilan con alegría.

★ El 4 de julio de 1776, las trece colonias originales declararon su independencia de Gran Bretaña. La nueva nación, Estados Unidos de América, adoptó una constitución en 1787. El 4 de julio del año siguiente, los ciudadanos de Filadelfia organizaron un desfile para celebrar el histórico evento. A través de los años, esta práctica continuó. El 4 de julio, o Día de la Independencia, se ha convertido en un día de banderas, desfiles, comidas al aire libre y fuegos artificiales. ★

El nombre de su país
el público vocifera.
Para que gane su equipo
el atleta persevera.

★ La bandera ondea en parques nacionales y estatales, en edificios públicos y en toda clase de eventos deportivos. ★ Los Juegos Olímpicos reúnen a los atletas de todas partes del mundo. Después de cada evento, los ganadores se paran junto a la bandera de su país. ★ Los admiradores aclaman a sus equipos en los eventos deportivos porque ellos tienen algo en común: la escuela, el barrio, la cultura o el país. Es natural que quieras que tus compatriotas ganen, porque cuando ellos ganan, sientes que tú también has ganado. ★

Al llegar los emigrantes
a través del ancho mar
los reciben las banderas
símbolos de libertad.

★ Desde 1942, la bandera ondea a la entrada de todos los puertos de Estados Unidos. Es una de las primeras cosas que ven los viajeros a bordo de los barcos. De esa manera, los visitantes de otras tierras y los norteamericanos que regresan son bienvenidos con el símbolo de la libertad. ★ En tierra o mar, cuando la bandera ondea boca abajo se considera una señal de emergencia o peligro. ★

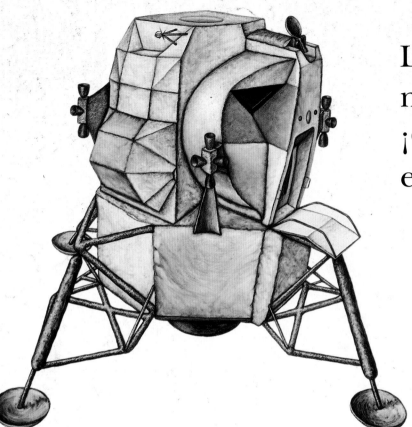

Los astronautas plantaron
nuestra bandera de paz.
¡Qué bellas franjas y estrellas
en el paisaje lunar!

★ En 1969, los astronautas del Apolo 11, Neil Armstrong y Edwin Aldrin, Jr., llegaron a
la Luna en la nave Eagle. En este histórico viaje, llevaron tres banderas norteamericanas.
Una fue plantada en la Luna; las otras dos se trajeron de regreso a la Tierra y hoy
ondean en las cámaras del Congreso. Junto a la bandera en la Luna hay una placa de
acero inoxidable que dice: "Aquí fue donde primero pusieron un pie en la Luna los
hombres del planeta Tierra. Julio de 1969 d.C. Vinimos en son de paz en nombre de
toda la humanidad". ★ Los astronautas han plantado banderas americanas en la Luna
en seis ocasiones, una bandera por cada misión Apolo que alunizó allí. ★

Enarbolando banderas
nuestros héroes han ganado
el frente en su propio suelo
o en lugares muy lejanos.

★ Muchos norteamericanos han perdido la vida luchando por nuestro país y por los derechos de otras personas del mundo. Se han levantado muchos monumentos para rendir homenaje a estos héroes, como el Monumento a los Veteranos de Vietnam, en Washington, D.C. ★ Se han colocado placas y estatuas en parques y en edificios públicos a través del país para honrar a los héroes de la nación. Las personas dejan banderas junto a los monumentos como un tributo a aquellos que aman. ★

A los que buscan libertad
con fe, acción y palabras
la bandera garantiza
que su voz será escuchada.

★ El gobierno de Estados Unidos de América se basa en la democracia o gobierno del pueblo. La bandera representa los derechos de las personas a defender o protestar por una causa, a expresarse acerca de las cosas en las que creen. Las personas suelen llevar banderas como símbolo de esos derechos. ★ La frase en latín: *E Pluribus Unum*, o "uno de muchos", aparece en el Gran Escudo de Estados Unidos, diseñado como emblema del gobierno de este país. *E Pluribus Unum* significa una nación conformada por muchos estados o una nación compuesta de muchas personas. ★

Los fuegos artificiales
iluminan la bandera
y todos maravillados
en la noche la contemplan.

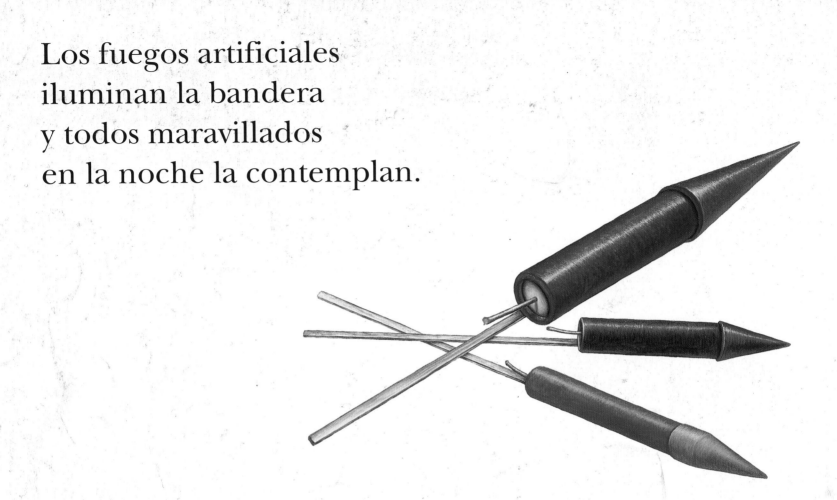

★ Las comunidades celebran las festividades nacionales con fuegos artificiales y música patriótica. En estas ocasiones, los norteamericanos suelen sentir hermandad por sus compatriotas y lealtad hacia su país. ★ No existe una versión oficial del porqué los colores rojo, blanco y azul fueron elegidos para la bandera norteamericana. Una resolución vinculada al Gran Escudo de Estados Unidos definió el significado de los colores del país varios años después de que se diseñara la bandera. El rojo representa fortaleza y valor; el blanco, pureza e inocencia, y el azul, vigilancia, perseverancia y justicia. ★

El broche con la bandera
que lleva este ciudadano
es promesa de un futuro
y recuerdo del pasado.

★ Las personas muestran su patriotismo de diversas maneras. Algunas llevan en su ropa broches con banderitas, otras muestran la bandera en la puerta de sus hogares y participan en desfiles. Cuando veas la bandera norteamericana recuerda que no representa una sola causa, sino muchas; que no representa a una sola persona, sino a muchas; y que no representa una sola idea, sino muchos ideales y sueños de Estados Unidos. ★

Celebra nuestra bandera
en el cielo, majestad,
y siente un orgullo inmenso
cuando la veas ondear.